w oryginale
**wielkie
powieści**

Czytamy w oryginale

Herman Melville
Moby Dick

Autor adaptacji:
Graham Read

Tłumaczenie adaptacji na język polski:
Redakcja

Druk i oprawa: OSDW Azymut Sp. z o. o.

Projekt graficzny i ilustracje: Małgorzata Flis

Skład: Marek Szwarnóg

wydawnictwo 44.pl

Global Metro Sp. z o.o.
ul. Juliusza Lea 231
30-133 Kraków

ISBN: 978-83-63035-24-2

czytamy
w oryginale

Herman Melville

Moby Dick

adaptacja w wersji angielsko-polskiej

wydawnictwo
44.pl

I. CALL ME ISHMAEL

Call me Ishmael. Some years ago – how long is not important – I found myself with no money, and nothing to interest me on land. Whenever I feel depressed like this, I know it is time to go to sea. However, I never go as a passenger, I never have the money to pay. And why should I pay? I always go to sea as a simple sailor, to get paid, to get exercise and to breathe the pure sea air.

I. MÓWCIE DO MNIE
ISHMAEL

Mówcie do mnie Ishmael. Kilka lat temu – nie ważne kiedy – nie miałem ani pieniędzy, ani niczego, co by mnie trzymało na lądzie. Gdy tylko czuję takie przygnębienie wiem, że czas udać się na morze. Jednak nigdy nie płynę jako pasażer – nie mam za co opłacić podróży. A i dlaczego miałbym płacić? Zawsze udaję się na morze jako prosty marynarz, aby zarobić pieniądze, zażyć ruchu i pooddychać czystym morskim powietrzem.

I had never been on a whaling ship before, I normally sail on ships that take spices and treasure from one part of the world to another. But this time I decided that I wanted to sail in the hunt for whales, those great monsters of the deep seas.

So I travelled to a town called New Bedford, and on my arrival I found that I had to wait a night and a day for a ship to take me to Nantucket. At the time this was the most famous whaling port in the whole world. After walking the streets for some time I arrived at a place called "The Spouter Inn" – I decided to go in.

There were no free beds in the inn, but the owner told me there was a large bed that I could share with a harpooner from a whaling ship. He told me the man was out, walking around the town trying to sell some human heads. I was not sure I wanted to share a bed, even a large one, with another man, especially a man trying to sell human heads. However, the only alternative was to sleep on a table in the bar, so I asked the owner to show me the room. When I arrived it was empty, so I got into the bed and quickly went to sleep.

Later on that night I was woken up by a man entering the room holding a candle in one hand and a human head in the other. He didn't see me, and I was able to watch him in the candle light.

Nigdy wcześniej nie pływałem na statku wielorybniczym – zwykle pracuję na statkach przewożących przyprawy i bogactwa z jednej części świata do drugiej. Jednak tym razem chciałem polować na wieloryby, olbrzymy morskich głębin.

Udałem się więc do miasta New Bedford, a po przyjeździe tam okazało się, że muszę zaczekać jedną noc i jeden dzień na statek, który zabierze mnie do Nantucket. W tym czasie był to najsłynniejszy port wielorybniczy na całym świecie. Spacerując ulicami miasta, po jakimś czasie dotarłem do miejsca zwanego „Spouter Inn”. Zdecydowałem się wejść do środka.

W gospodzie nie było wolnych miejsc, jednak właściciel powiedział, że jest jedno duże łóżko, które mógłbym dzielić z harpunnikiem ze statku wielorybniczego. Dodał, że opuścił gospodę na pewien czas i udał się do miasta, chcąc sprzedać kilka ludzkich głów. Nie byłem pewien, czy chciałem dzielić łóżko – nawet duże – z innym mężczyzną, zwłaszcza takim, który handlował ludzkimi głowami. Jednak jedyną alternatywą było spanie na stole w barze, dlatego poprosiłem właściciela, aby pokazał mi pokój. Gdy wszedłem, był pusty, więc położyłem się na łóżku i szybko zasnąłem.

Jakiś czas później obudził mnie mężczyzna wchodzący do pokoju – w jednej ręce trzymał świeczkę, a w drugiej ludzką głowę. Nie zauważył mnie, jednak ja mogłem obserwować go w świetle świecy.

He was a huge man, with a shaved head and the whole of his body was covered in tattoos. He was clearly from the south sea islands and I wondered if he was even a cannibal. At that moment I was as scared of him as I am scared of the devil.

He looked into a bag he had and took out a wooden idol in the shape of a small baby. For perhaps a minute he whispered some prayers to this tiny god. Then he put out his candle and jumped into bed. He was very surprised to see me.

"Who-e you? I kill-e," shouted the cannibal as he jumped back out of bed.

"Landlord!" I screamed.

Thankfully the landlord came quickly to the room holding a candle.

"Don't be afraid of Queequeg, he wouldn't harm a hair on your head," the landlord said with a big smile on his face.

"Why didn't you tell me he was a cannibal?"

"I thought you would know, I did tell you he was out selling heads. Queequeg, this man sleep-e you – you sabbee?"

"Me sabbee a lot," said Queequeg in a low voice.

For a moment I was able to have a good look at the savage. He was generally quite clean and friendly looking. So I decided that it was better to sleep with a sober savage than a drunken Christian.

When I woke up the next day, my new friend

Był to ogromny człowiek z ogoloną głową, którego całe ciało pokrywały tatuaże. Wszystko wskazywało na to, że pochodzi z wysp Mórz Południowych i zacząłem się zastanawiać, czy nie jest kanibalem. W tym momencie bałem się go tak bardzo, jak boję się diabła.

Zajrzał do torby i wyjął drewnianego bożka w kształcie małego dziecka. Przez kilka minut szeptem odmawiał jakieś modlitwy. Następnie zdmuchnął świeczkę i wskoczył do łóżka. Był bardzo zdziwiony, gdy mnie tam zastał.

– Kto ty? Ja zabić ciebie! – krzyknął kanibal wyskakując z łóżka.

– Pomocy! – krzyknąłem.

Na szczęście szybko przyszedł właściciel gospody ze świecą w ręku.

– Nie bój się. To Queequeg. On by nawet muchy nie skrzywdził – powiedział z szerokim uśmiechem na twarzy.

– Dlaczego nie powiedziałeś mi, że to kanibal?

– Myślałem, że wiesz. Mówiłem ci, że sprzedaje ludzkie głowy. Queequeg, ten człowiek spać tu, rozumieć?

– Moja dużo rozumieć – wymamrotał Queequeg.

Przez chwilę mogłem dobrze mu się przyjrzeć. Był dosyć czysty i wyglądał przyjaźnie. Uznałem więc, że lepiej jest spać z trzeźwym dzikusem niż z pijanym chrześcijaninem.

Gdy obudziłem się następnego dnia, mój nowy

was shaving with his harpoon, which must have been incredibly sharp. I spent some time with Queequeg during the day and he told me about his life. He was from the South Seas and his home was 20,000 miles away. That evening we ate supper together and then smoked some of Queequeg's tobacco. He told me that I was a great friend and gave me the human head he had been trying to sell.

The next day we decided to sail to Nantucket together and look for a whaling ship we could work on. During the journey I noticed that the crew were making a joke of Queequeg. While he walked around the ship they would follow him and mimic his walk.

Queequeg saw one of them doing this and quite calmly dropped his bag and harpoon, picked the man up and threw him across the deck.

"Captain! Captain! It's the devil," the man cried.

"Hey you! You could have killed that man," the Captain shouted.

"What him say?" he asked me.

"Him say you near kill-e that man there," I said, trying to speak in his strange way so he could understand me easily.

"Him? No, him small fish. Queequeg no kill-e him, Queequeg kill-e big whale."

When we arrived in Nantucket there were three

przyjaciel golił się swoim harpunem, który musiał być niewiarygodnie ostry. W ciągu dnia spędziłem z Queequegiem trochę czasu, a on opowiedział mi o swoim życiu. Pochodził z Mórz Południowych – jego dom oddalony było o 20 000 mil. Tego wieczora zjedliśmy razem kolację, a następnie paliliśmy jego tytoń. Queequeg oświadczył, że jestem jego przyjacielem i podarował mi ludzką głowę, którą wcześniej próbował sprzedać.

Następnego dnia postanowiliśmy, że razem udamy się do Nantucket i poszukamy statku wielorybniczego, na którym moglibyśmy pracować. Podczas podróży zauważyłem, że załoga żartowała z Queequega. Gdy on spacerował po pokładzie, marynarze podążali za nim i przedrzeźniali jego sposób chodzenia.

Queequeg zobaczył to i położywszy spokojnie na ziemi swój worek i harpun, podniósł jednego z mężczyzn do góry i rzucił go na pokład.

– Kapitanie! Kapitanie! To diabeł! – krzyczał mężczyzna.

– Hej ty! Mogłeś zabić tego człowieka! – krzyknął Kapitan.

– Co on mówić? – zapytał mnie Queequeg.

– On powiedział, że ty prawie zabić tego człowieka – odparłem, próbując mówić w ten sam dziwny sposób, aby mógł łatwiej mnie zrozumieć.

– Jego? Nie, on mała ryba. Queequeg nie zabić go, Queequeg zabić wielkiego wieloryba.

Gdy dotarliśmy do Nantucket, w porcie stały trzy

whaling ships in the harbour. Queequeg told me, he had been talking with his little god, Yojo, and that I should decide which boat to take. I walked to where the ships were, and had a look around. It seemed there were three ships, the Devil-Dam, the Tit-bit and the Pequod. The Pequod is the name of a famous tribe of American Indians, now extinct. I decided that this was the ship that Queequeg and I would travel on.

statki wielorybnicze. Queequeg wyznał mi, że rozmawiał ze swoim małym bożkiem, Yojo, i że to ja powinienem zdecydować, który z nich wybrać. Poszedłem do miejsca, w którym zacumowane były statki i zacząłem się rozglądać. Statki nazywały się Devil-Dam, Tit-bit oraz Pequod. Pequod to nazwa słynnego plemienia amerykańskich Indian, które już nie istnieje. Postanowiłem, że na tym właśnie statku będziemy podróżować ja i Queequeg.

On the deck of the ship there was a strange tent, in the shape of a wigwam. I could just see that an old man was sitting inside. I walked over to him and asked in a loud voice:

"Are you the Captain of the ship?"

"What if I am? What do you want?" came the reply. I could see his face better now, he had skin like leather. Later on, I found out this was Captain Peleg, one of the owners of the Pequod.

"I want to sail on this ship."

"And what do you know about whaling?"

"I've been a sailor and..."

"I asked what you knew about whaling, not sailing," interrupted the old man.

"Well, I want to see the world and I want to see what whaling is."

"You want to see what whaling is? Well, just look at Captain Ahab."

"Who?"

"He's the one legged captain of this ship."

"What happened to his other leg? Was it lost to a whale?"

"Lost to a whale? It was bitten off and chewed up by a monster of a whale. So if you want to see whaling, look for the Captain and if you want to see the world, look over that side of the ship."

I looked over and saw nothing but the endless ocean.

Na pokładzie statku znajdował się dziwny namiot w kształcie wigwamu. Zobaczyłem, że w środku siedzi stary człowiek. Podszedłem do niego i zapytałem głośno:

– Czy pan jest kapitanem tego statku?

– A jeżeli jestem, to co? Czego chcesz? – usłyszałem w odpowiedzi. Teraz lepiej widziałem jego twarz – była spalona słońcem. Później dowiedziałem się, że był to Kapitan Peleg, jeden z właścicieli statku Pequod.

– Chciałbym żeglować na tym statku.

– A co wiesz o wielorybnictwie?

– Jestem marynarzem i …

– Pytałem, co wiesz o wielorybnictwie, a nie żeglowaniu – przerwał mi starzec.

– No cóż, chcę poznać świat i chcę dowiedzieć się, czym jest wielorybnictwo.

– Chcesz dowiedzieć się, na czym polega wielorybnictwo? Po prostu spójrz na Kapitana Ahaba.

– Na kogo?

– To jednonogi kapitan tego statku.

– Co się stało z jego nogą? Czy stracił ją przez wieloryba?

– Przez wieloryba? Została odgryziona i przeżuta przez wieloryba-potwora. Więc jeżeli chcesz poznać wielorybnictwo, poszukaj kapitana, a jeśli chcesz zwiedzić świat, wyjrzyj za burtę.

Wyjrzałem przez burtę i nie zobaczyłem nic oprócz bezkresnego oceanu.

"What do you have to say?"

"Not much, nothing but water and a few clouds," I replied.

"So what do you think of the world? Do you wish to see any more of it?"

I didn't know what to say. But the old man helped me.

"I'll take you, you can sign up now."

After signing my papers, I left, but on the walk back to the inn I began to think about Ahab. It was always a good idea, before sailing on a ship to meet it's captain. Turning back I walked up to Captain Peleg and asked him where I could find Captain Ahab.

"And what do you want of the Captain?" asked Peleg.

"I would like to speak to him," I replied.

"He isn't available at the moment, I think he's a little sick. He's a strange man, Ahab, but a good one, doesn't speak much, but when he does speak, you should listen. Anyway, I always say – it's better to sail with a moody good captain than a laughing bad one."

Hearing this I left the ship and went to meet Queequeg.

– I co tam widzisz?

– Niewiele, nic tylko woda i kilka chmurek – odpowiedziałem.

– Co więc myślisz o świecie? Masz ochotę zobaczyć go więcej?

Nie wiedziałem, co odpowiedzieć. Ale staruszek pomógł mi.

– Przyjmę cię, możesz się zaciągnąć.

Po podpisaniu dokumentów wyszedłem, jednak w drodze powrotnej do gospody zacząłem rozmyślać o kapitanie Ahabie. Przed wypłynięciem w rejs zawsze dobrze jest poznać kapitana. Zawróciłem i zapytałem kapitana Pelega, gdzie mogę znaleźć kapitana Ahaba.

– A co od niego chcesz? – zapytał Peleg.

– Chciałbym z nim porozmawiać – odpowiedziałem.

– W tym momencie jest niedostępny. Wydaje mi się, że jest trochę chory. Ahab to dziwny człowiek, ale dobry. Nie mówi dużo, ale gdy już mówi, należy go słuchać. Tak czy inaczej, ja zawsze powtarzam – lepiej żeglować z markotnym, ale dobrym kapitanem, niż z wesołym, ale złym.

Usłyszawszy to opuściłem statek i poszedłem na spotkanie z Queequegiem.

II. CAPTAIN AHAB
AND MOBY DICK

The next day, Queequeg and I walked down to the harbour to see the Pequod, the whaling ship. As we approached the ship, Captain Peleg shouted that no cannibals were allowed on the ship. But as we got closer to the ship I introduced my friend as Queequeg, a man of great experience on whaling ships.

"What a harpoon you have there! I say Quohog, or whatever your name is, have you ever hit a fish with it?"

II. KAPITAN AHAB
I MOBY DICK

Następnego dnia poszliśmy do portu, aby zobaczyć statek wielorybniczy Pequod. Gdy się zbliżaliśmy, Kapitan Peleg zakrzyknął, że kanibale mają zakaz wstępu na statek. Jednak gdy podeszliśmy jeszcze bliżej, przedstawiłem mojego przyjaciela i dodałem, że posiada duże doświadczenie w pracy na statkach wielorybniczych.

– Co to za harpun! Quohog, czy jak tam się nazywasz, czy kiedykolwiek zabiłeś nim rybę?

Without saying a word, Queequeg, jumped up onto the ship wildly and then raising his harpoon he said, "Cap'ain, you see him small barrel in water? You see him, if him one whale eye, well den!" and taking aim he threw the harpoon straight into the barrel.

"Now," said Queequeg, " if him whale eye; den dat whale dead."

"Well, we must have you Hedgehog, I mean Quohog! Please come and sign up for the ship." asked Peleg after he had seen Queequeg's skill with a harpoon. And so, Queequeg and I were accepted onto the ship, which would be leaving the next day.

It was nearly six o'clock in the morning as we walked to the ship, it was very foggy and the light was not good. As we walked, I thought I saw other men walking towards the harbour, but when we reached the Pequod it seemed empty and the cabin was locked. We looked around and found one man sleeping on the deck. I woke him and asked when the ship was due to sail.

"She sails today, Captain Ahab arrived last night." replied one of the seamen.

So I took my things onto the boat with Queequeg, and as the day continued the rest of the crew also arrived, but nothing was seen of the Captain.

I met the three mates of the ship. The first was Starbuck, a native of Nantucket. He was a thin

Queequeg bez słowa wskoczył na statek i podnosząc harpun do góry powiedział:

– Kapitanie, widzieć ta mała beczka w wodzie? Widzieć go, on oko wieloryba, ja rzucić to! – mówiąc to Queequeg wycelował i trafił harpunem w sam jej środek.

– Jeśli to być oko wieloryba – powiedział Queequeg – ten wieloryb nie żyć.

– Musisz z nami popłynąć Hedgehog, to znaczy Quohog! Chodź ze mną i podpisz papiery! – powiedział Peleg zobaczywszy umiejętności harpunnicze Queequega. Tak więc Queequeg i ja zostaliśmy przyjęci na statek, który odpływał następnego dnia.

Wyruszyliśmy w drogę na statek o szóstej rano; było mgliście i dosyć ciemno. Idąc wydawało mi się, że widzę innych ludzi zmierzających w stronę portu, ale gdy dotarliśmy do Pequoda okazało się, że jest pusty, a kabina zamknięta. Rozglądnęliśmy się i zobaczyliśmy mężczyznę śpiącego na pokładzie. Obudziłem go i zapytałem, kiedy odpływa statek.

– Wypływamy dziś, kapitan Ahab przyjechał zeszłej nocy – odpowiedział jeden z marynarzy.

Tak więc wraz z Queequegiem niosłem moje rzeczy na statek, a w ciągu dnia zjawiła się reszta załogi, jednak w dalszym ciągu nie było widać kapitana.

Poznałem trzech oficerów pełniących służbę na statku. Pierwszy nazywał się Starbuck i pochodził z Nantucket. Był szczupłym mężczyzną o skórze

man with such dark skin that he looked almost Egyptian. Looking into his eyes, you could see that he had seen many dangers in his life but always stayed calm.

The second mate was Stubb, a very cheerful man who never seemed to worry. A deadly meeting with a whale was the same to him as an evening meal at the captains' table.

The third mate was called Flask, a short young man, who hated whales more than anything. His mission in life was to destroy these great animals wherever he could find them.

There were also three exotic harpooners on the boat, the first you know as Queequeg, the second was called Tashtego, an American Indian, who had long straight black hair and high cheekbones. He looked like a proud warrior hunter of the distant past. The third was called Daggoo, a gigantic black savage, who was as tall as a giraffe. There was also Pip, the black cabin boy. He would dance around the ship shaking his tambourine and singing songs to himself. There were many other men on the ship, but their importance to my story is not great.

For several days after our journey began, nothing was seen of Ahab. But one morning, when I woke up and went onto the main deck, I saw him standing there. His tall broad body seemed to me to be made of bronze. Instead of the leg which he

tak ciemnej, że mógł uchodzić za Egipcjanina. Patrząc mu w oczy można się było domyślić, że widział w życiu wiele niebezpieczeństw, jednak zawsze traktował je ze spokojem.

Drugi oficer, Stubb, był bardzo radosnym człowiekiem, który wydawał się niczym nie martwić. Śmiertelne spotkanie z wielorybem było dla niego tym samym, co wieczorny posiłek przy stole kapitana.

Trzeci oficer o nazwisku Flask był niskim młodym mężczyzną, szczerze nienawidzącym wielorybów. Jego życiowym powołaniem było unicestwianie tych zwierząt przy każdej nadarzającej się okazji.

Na statku było też trzech harpunników z egzotycznych krajów: pierwszy z nich to Queequeg, którego już znacie, drugi zwany Tashtego, Indianin o długich prostych włosach i wyrazistych kościach policzkowych. Wyglądał jak dumny wojownik – myśliwy z dalekiej przeszłości. Trzeci nazywał się Daggoo i był ogromnego wzrostu dzikusem, czarnym jak smoła. Był także Pip, czarnoskóry chłopiec pokładowy. Pip miał zwyczaj tańczyć po pokładzie uderzając w tamburyn i nucąc sobie piosenki. Na statku było wielu innych mężczyzn, jednak nie odgrywają oni ważnej roli w mojej opowieści.

W ciągu pierwszych kilkunastu dni naszej podróży nikt nie widział Ahaba. Jednak pewnego ranka, gdy obudziłem się i wyszedłem na główny pokład, zobaczyłem go tam. Jego wysokie i barczyste ciało wydawało się być odlane z brązu. Zamiast nogi,

had lost on a whale hunt, he had a long white piece of whale bone. He had a very serious expression on his face, as if something terrible had happened to him. From that morning on, he was seen every day standing on the deck of the ship, watching his men.

One morning, Ahab called everyone to come to the main deck of the ship. We had finally arrived in the southern waters where whales could be found.

The Captain put his hand inside his coat and pulled out a bar of gold. "See this, men, this is an ounce of Spanish gold, men!"

The crew watched with great interest as the Captain continued. "Whoever sings out when he sees a white headed whale, will receive this gold!"

"Hurray!" cried the seamen.

"Captain Ahab," said Tashtego, "that white whale must be the same that they call Moby Dick."

"Moby Dick?" shouted Ahab. "Do you know the white whale then, Tash?"

"Captain Ahab," said Starbuck, "I have heard of Moby Dick. Was it not Moby Dick that took off your leg?"

"Who told you that? For yes, it was Moby Dick that took my leg, and I'll chase him round the world, from Norway to the Antarctic and into hell if I need to!"

"And what price will this whale make on the market at Nantucket?" asked Starbuck.

którą stracił podczas polowania, miał długi biały kawałek kości wieloryba. Wyraz jego twarzy był bardzo poważny, jak gdyby przydarzyło mu się coś strasznego. Począwszy od tego poranka można go było zobaczyć na pokładzie statku każdego dnia nadzorującego swoich ludzi.

Pewnego dnia Ahab zwołał wszystkich na główny pokład. Nareszcie dotarliśmy na południowe wody, gdzie można było znaleźć wieloryby.

Kapitan włożył rękę do kieszeni płaszcza i wyciągnął stamtąd sztabkę złota.

– Widzicie to? To uncja hiszpańskiego złota!

Załoga przypatrywała się z zaciekawieniem, a kapitan mówił dalej:

– Kto z was namierzy białego wieloryba otrzyma tę sztabkę.

– Hurrra! – zakrzyknęli marynarze.

– Kapitanie – odezwał się Tashtego – ten biały wieloryb to chyba nie ten sam, którego zwą Moby Dick?

– Moby Dick? – krzyknął Ahab. – Znasz więc białego wieloryba, Tashtego?

– Kapitanie – powiedział Starbuck – ja słyszałem o Moby Dicku. Czy to właśnie nie Moby Dick zabrał ci nogę?

– Kto ci to powiedział? Tak, to właśnie Moby Dick zabrał mi nogę i będę go ścigał po całym świecie, od Norwegii do Antarktyki, i do piekła, jeśli będzie trzeba!

– A jaką cenę osiągnie ten wieloryb na rynku w Nantucket? – zapytał Starbuck.

"I am not an accountant, I am a sea captain!" shouted the Captain.

"Revenge on an animal! This is madness!" replied Starbuck.

But no one could argue with Ahab, and so the rum was brought out onto the deck and the whole crew drank to the death of Moby Dick.

Not many more days passed before the first whale was seen by the crew.

"There she blows!" cried the man at the top of the mast.

Ahab became very excited and cried out, "It's time!"

Slowly five people appeared from below decks. They looked like ghosts in their strange foreign clothing. Their leader was a tall man with only one white front tooth. He was dressed in a Chinese jacket made from black cotton. The five of them looked as if they were going to a funeral. The whole crew stared at these strangers.

"Are you all ready Fedallah?" asked Ahab.

"Ready," Fedallah, their leader, hissed like a snake.

And so the new crew climbed into one of the boats with Ahab and began to chase the whale.

On the deck Flask and Stubb could be seen talking together.

"What do you think of those yellow boys, sir?" said Stubb to Flask.

– Nie jestem księgowym, jestem kapitanem! – krzyknął Ahab.

– Zemsta na zwierzęciu. To szaleństwo! – odparł Starbuck.

Jednak nikt nie mógł sprzeciwić się Ahabowi, więc na pokład przyniesiono rum i cała załoga wypiła za śmierć Moby Dicka.

Nie minęło kilka dni, gdy pierwszy wieloryb został dostrzeżony przez załogę.

– Tam dmucha! – krzyknął mężczyzna stojący na szczycie masztu.

Ahab był bardzo podekscytowany i zawołał:

– Nadszedł czas!

Z niższego pokładu powoli wyłoniło się pięciu mężczyzn. Wyglądali jak duchy w dziwnych cudzoziemskich ubraniach. Ich przywódcą był wysoki mężczyzna z tylko jednym zębem na przedzie. Ubrany był w chińską kurtkę zrobioną z czarnej bawełny. Cała piątka wyglądała tak, jakby wybierała się na pogrzeb. Załoga wpatrywała się w nich uporczywie.

– Czy jesteście gotowi, Fedallah? – zapytał Ahab.

– Gotowi – Fedallah, przywódca, zasyczał jak wąż.

Tak więc załoga wsiadła do jednej z łódek razem z kapitanem i rozpoczęła się pogoń za wielorybem.

Flask i Stubb rozmawiali na pokładzie.

– Co pan myśli o tych żółtych chłopcach? – zapytał Stubb Flaska.

"A sad business having those devils on the ship, Mr. Stubb, but it was the Captain's decision". And so the two sea mates went to their whaling boats to chase the whale.

Ahab's crew were soon a long way ahead of the other boats. It seemed like the tiger yellow crew were made of steel, they rowed faster than any men had ever seen.

After a long chase, Ahab's boat and Starbuck's boat got close to the whale. Queequeg, who was on Starbuck's boat, threw his harpoon at the whale but the wound was not very bad. The fish then swam deep into the water and wasn't seen for several minutes. Then, suddenly, the whale smashed through the bottom of Starbuck's boat, sending all the men into the water. And the whale managed to escape all our harpoons.

– Niedobrze, że mamy na statku takich diabłów, panie Stubb, ale był to pomysł kapitana. – I dwaj oficerowie wsiedli do swoich łódek, aby podążyć za wielorybem.

Załoga Ahaba wkrótce znacznie wyprzedziła inne łodzie. Wydawało się, że żółtoskórzy marynarze byli ze stali, wiosłowali prędzej, niż kiedykolwiek widziano.

Po długim pościgu łódź Ahaba i łódź Starbucka zbliżyły się do wieloryba. Queequeg, który siedział w łodzi Starbucka, cisnął harpun, jednak zadana rana okazała się niegroźna. Następnie ryba pogrążyła się w głębinie i nie było jej widać przez dobre kilka minut. Niespodziewanie wieloryb uderzył o dno łodzi Starbucka i wszyscy marynarze znaleźli się w wodzie. I tak wieloryb umknął naszym harpunom.

III. THE MADNESS
OF THE PEQUOD

During the chase for the whale, a man on Stubb's boat had hurt his wrist and Pip, the cabin boy, was asked to replace him. On the next whale hunt, Pip was very nervous, but luckily for him the whale escaped without a fight. The second time he had to go out on the small boat he wasn't so lucky. A whale was harpooned by Tashtego and during the struggle, Pip became absolutely terrified and jumped off the boat,

III. SZALEŃSTWO
NA PEQUODZIE

Podczas pościgu za wielorybem jeden z mężczyzn na łodzi Starbucka zranił sobie nadgarstek i został zastąpiony przez Pipa, chłopca pokładowego. Podczas kolejnego pościgu za wielorybem Pip był bardzo zdenerwowany, jednak na szczęście dla niego wieloryb uciekł bez walki. Drugi pościg łodzią nie był już tak pomyślny. Tashtego zranił wieloryba harpunem i podczas walki Pip tak się przestraszył, że wyskoczył z łodzi do wody, co

which was a very dangerous thing to do. He got caught in the harpoon rope, which had wrapped itself around his body and was taken underwater when the whale dived into the deep sea.

Tashtego stood at the end of the boat holding a large knife to the rope. He looked at Stubb for the order to cut. It was clear that he hated Pip for being a coward and that he would be happy to let the poor boy drown in the water.

"Cut?" asked Tashtego.

"Do it, for God's sake!" came the order and so the whale was lost and Pip was saved.

As soon as Pip had recovered, Stubb gave him some serious fatherly advice.

"Never jump off the boat – if you do it again, I won't help you. A whale would sell for thirty times what you would in Alabama."

So, although man loves his fellow man, he is also a money-making animal! Unfortunately Pip's fear of whales was greater than his fear of Stubb. When the next whale was harpooned and began to swim at high speed, Pip jumped off the boat. Stubb was true to his word and left Pip behind.

The boat travelled fast and in a few minutes Pip was all on his own in the ocean. But Pip didn't die. The Pequod luckily passed him following the other boats and he was picked up out of the colossal ocean. But the experience made him a very

było bardzo niebezpieczne. Zaplątał się w sznur od harpuna, który owinął się wokół jego ciała i został wciągnięty pod wodę, gdy wieloryb zanurkował w głębiny.

Tashtego stał na końcu łodzi trzymając w ręku duży nóż do cięcia lin. Zerknął na Stubba, oczekując rozkazu ucięcia liny. Było jasne, że nienawidzi Pipa za to, że był tchórzem i z radością pozwoliłby, aby biedny chłopiec utonął w morzu.

– Ciąć? – zapytał Tashtego.

– Tnij, na miłość boską! – usłyszał rozkaz i wieloryb został uwolniony, a Pip uratowany.

Gdy tylko Pip doszedł do siebie, Stubb udzielił mu ojcowskiej rady:

– Nigdy nie wyskakuj z łodzi. Jeżeli zrobisz to jeszcze raz, nie pomogę ci. Za wieloryba dostalibyśmy trzydzieści razy tyle, co za ciebie na targu w Alabamie.

Tak to człowiek, mimo że kocha swojego bliźniego, myśli też o pieniądzach. Niestety strach Pipa przed wielorybami był większy niż strach przed Stubbem. Gdy następny wieloryb trafiony harpunem zaczął płynąć z wielką prędkością, Pip znowu wyskoczył z łodzi. Stubb dotrzymał słowa i zostawił Pipa w wodzie.

Łódź płynęła bardzo szybko i po kilku minutach Pip pozostał zupełnie sam. Jednak nie zginął. Na szczęście obok przepływał Pequod – marynarze wyciągnęli Pipa na pokład z bezkresnego oceanu. Jednak to doświadczenie sprawiło, że bardzo się

different person. From the hour he was picked up, he became a mad man, walking the deck and talking nonsense to himself and the rest of the crew. The ocean had taken his soul, but left his body behind.

Ahab showed some mercy for poor Pip, and after the cabin boy went mad, Ahab spent a lot of time with him, talking in the captain's cabin. The boy's madness interested Ahab; he thought that perhaps Pip could talk to the gods. Pip thought he was safer with the strong captain and he always held Ahab's hand while they were talking.

Days passed and another whaling ship was seen.

"Have you seen the white whale?" shouted Ahab to the other ship's captain.

The two captains were perhaps twenty metres apart and so each could be seen by the crew of the other.

"Have you seen this?" shouted the other captain and pulled up the right sleeve of his coat. There was no human arm underneath this, instead there was a white arm made of whale bone, at the end instead of a hand, was a large wooden hammer.

"I'll come and see you!" Ahab said excitedly and got into one of the boats with his advisor Fedallah to meet the one armed captain. As soon as he was on the deck of the other ship, the two men greeted each other. Captain Boomer, for that was his name, held out his white

zmienił. Od momentu, gdy znalazł się na pokładzie, zachowywał się jakby postradał zmysły, wygadywał bzdury do samego siebie i do reszty załogi. Ocean zabrał jego duszę, jednak pozostawił ciało.

Ahab okazał biednemu Pipowi nieco litości; po tym, jak Pip oszalał, Ahab spędzał z nim dużo czasu na rozmowach w kabinie kapitańskiej. Szaleństwo chłopca interesowało Ahaba; wydawało mu się, że Pip może rozmawiać z bogami. Pip myślał zaś, że w towarzystwie silnego kapitana jest bezpieczniejszy i zawsze podczas rozmów trzymał Ahaba za rękę.

Mijały dni; zauważono inny statek wielorybniczy.

– Czy widzieliście białego wieloryba? – krzyknął Ahab do kapitana owego statku.

Dwaj kapitanowie znajdowali się w odległości około dwudziestu metrów i obaj byli widziani przez członków załogi obu statków.

– Widziałeś to? – odkrzyknął drugi kapitan i podciągnął do góry prawy rękaw swojego płaszcza. Nie było tam ludzkiej ręki: zamiast niej wystawało białe ramię z wielorybiej kości, na końcu której, zamiast dłoni, znajdował się pokaźny drewniany młot.

– Musimy się spotkać – powiedział Ahab podekscytowany i wskoczył do jednej z łodzi wraz ze swoim doradcą Fedallahem, aby spotkać się z jednorękim kapitanem. Jak tylko znalazł się na pokładzie drugiego statku, dwaj mężczyźni przywitali się. Kapitan Boomer, ponieważ tak się nazywał, wyciągnął swoje białe ramię. Ahab postąpił kilka

arm. Ahab walked forward and crossed the bone arm with his bone leg and cried, "Aye aye, let's shake bones together. So tell me, where did you see the white whale?"

"The white whale, I saw him in the East," he said pointing with his arm.

"And he took that arm off, did he?"

"He was the cause of it."

"So, tell me the story then."

"It was last year, I knew nothing of the white whale at the time and we saw a group of whales together. We soon harpooned one of them, but the next thing we saw was the white head and back of a Sperm whale come up from the bottom of the sea. I decided that we had to take

kroków naprzód, skrzyżował ramię z kości ze swoją kościaną nogą i wykrzyknął:

– Tak, tak, uściśnijmy nasze kości. Powiedz mi, gdzie widziałeś białego wieloryba?

– Widziałem białego wieloryba na wschodzie – odpowiedział drugi kapitan, wskazując ręką.

– Czy to on wyszarpał ci ramię?

– On był przyczyną.

– Opowiedz mi więc swoją historię.

– Było to w zeszłym roku; w tamtym czasie nic nie wiedziałem o białym wielorybie. Pewnego dnia zobaczyliśmy całą grupę wielorybów. Udało nam się trafić harpunem w jednego z nich, ale zaraz potem zobaczyliśmy białą głowę i grzbiet kaszalota, który wynurzył się z dna oceanu. Zdecydowałem, że

this fish. He was a mighty fighter and he smashed my boat in two. I fell into the water and
was able to stab him with my harpoon. To avoid his attacks, I held onto the harpoon I had
stabbed into him. But I was cut by another
harpoon that was in the fish. I got back to my
ship, but the wound from that harpoon didn't
heal. When my arm turned black I had to have
it amputated."

"It was a terrible wound," said the ship's doctor,
who had so far been watching from a distance.

"Have you seen him since?" asked Ahab
excitedly.

"Twice," replied Boomer.

"But you couldn't take him?"

"I didn't try! Isn't one arm enough? I didn't know
him when I met him before, but I know him now.
I agree it would be good to kill him, but it's better
to leave him alone."

"He will be hunted though, by me. That fish is
like a magnet to me, he pulls me to him."

The ship's doctor had come closer and was taking an interest in Ahab. Suddenly he spoke.

"Bless me!" cried the doctor, "This man's blood! It must be boiling! And his pulse is enough to
make the whole ship beat."

"Get away from me!" cried Ahab. "Which way
was the whale going?" he asked as he got into
his boat.

zapolujemy na niego. Okazał się wielkim wojownikiem, który rozbił moją łódź na pół. Wpadłem do wody i udało mi się ugodzić go harpunem. Aby uniknąć jego ataków, trzymałem się harpuna, który był wbity w jego ciało. Jednak skaleczyłem się o inny harpun, który również tkwił w jego ciele. Wróciłem na statek, jednak rana z tego harpuna nie chciała się goić. Gdy moje ramię zrobiło się czarne, musiałem je amputować.

– To była paskudna rana – powiedział doktor, który dotąd pory przyglądał się z oddali.

– Czy widziałeś go od tamtej pory? – zapytał Ahab podekscytowany.

– Dwa razy – odparł Boomer.

– Ale nie udało ci się go złapać?

– Nie próbowałem! Czy jedno ramię nie wystarczy? Nic o nim nie wiedziałem przy pierwszym spotkaniu, ale teraz już go znam. Zgadzam się, że dobrze byłoby go zabić, ale jeszcze lepiej zostawić go w spokoju.

– Ale on będzie ścigany, przeze mnie. Ta ryba jest dla mnie jak magnes, ona mnie przyciąga.

Doktor ze statku podszedł bliżej i zaczął okazywać zainteresowanie Ahabem. Nagle przemówił.

– Na Boga! – wykrzyknął doktor. – Krew tego mężczyzny! Ona musi się gotować! A jego puls mógłby rozhuśtać cały ten statek.

– Precz ode mnie! – krzyknął Ahab. – W którym kierunku popłynął wieloryb? – zapytał wsiadając do łodzi.

"When I last saw him it was east," a sailor said and then turning to Fedallah: "What's the matter, has your captain gone mad?"

But Fedallah simply put his finger to his lips and climbed over the side of the ship to follow his master.

A few days later the first mate Starbuck was checking the inside of the ship and found that the barrels with oil were leaking. In fact quite a lot of oil had leaked and it covered the floor of the lowest deck. He immediately went to Ahab with news of the problem.

"Captain, we must stop the ship and send all the men to the barrels to stop the leak," Starbuck told the captain. "If we don't, we will lose more oil in a day than we can make in a year."

"Let it leak! I will not stop this ship, now get out of my cabin!"

"What will the owners of the ship say?" replied Starbuck.

"What do I care about the owners, they are always complaining anyway."

"Captain, this is madness!"

Ahab took a musket from his table and pointed it at Starbuck. "There is one God that is Lord over the earth, and one captain who is lord over the Pequod. Now get out!"

"You have greatly angered me, captain. But I will not tell you to be scared of me, you would only laugh. But I will tell you to be scared of

– Gdy go widziałem ostatni raz, na wschód – od-powiedział jeden z marynarzy i zwrócił się do Fe-dallaha: – Co się dzieje, czy twój kapitan oszalał?

Jednak Fedallah tylko przyłożył palec do ust i wspiął się na burtę statku, idąc za swoim kapitanem.

Kilka dni później, sprawdzając wnętrze statku, pierwszy oficer Starbuck odkrył, że przeciekają becz-ki z olejem. Rzeczywiście, wylało się dosyć dużo oleju, który pokrywał podłogę niższego pokładu. Natych-miast udał się do Ahaba z wiadomością o problemie.

– Kapitanie, musimy zatrzymać statek i posłać wszystkich ludzi do beczek, aby zatrzymali wyciek – powiedział Starbuck do kapitana. – Jeżeli nie, stracimy w ciągu jednego dnia więcej oleju, niż uda nam się zdobyć w ciągu roku.

– Niech cieknie! Nie zatrzymam tego statku, wyjdź z mojej kabiny!

– Co powiedzą właściciele statku? – odrzekł Starbuck.

– Nie przejmuję się nimi, i tak zawsze narzekają.

– Kapitanie, to szaleństwo!

Ahab wziął ze stołu muszkiet i wymierzył w Strabucka.

– Jest tylko jeden Bóg, który jestem Panem świa-ta i tylko jeden kapitan, który jest panem Pequ-oda. A teraz wynocha!

– Bardzo mnie pan rozzłościł, kapitanie. Ale nie powiem panu, że powinien się pan mnie bać, to by tylko pana rozśmieszyło. Powiem panu, że

yourself," replied the red faced Starbuck.

The captain put down his musket and looked at Starbuck for a few moments.

"Ahab be scared of Ahab... yes, you are right, you are a good man Starbuck. Now, stop the ship and check the oil."

powinien bać się pan samego siebie – odpowiedział Starbuck z rozgorzałą twarzą.

Kapitan odłożył muszkiet i przez kilka chwil spo-
glądał na Starbucka.

– Ahab, bój się Ahaba… Tak, masz rację, jesteś
dobrym człowiekiem, Starbuck. Zatrzymajcie statek i sprawdźcie ten olej.

IV. A COFFIN FOR QUEEQUEG

The tough journey began to make my good friend Queequeg ill. He became thinner and thinner and eventually caught a fever. As the days passed, it looked like he might die. I didn't even want to think of it, but he seemed to believe that he would die. One day he made a strange request. On his home island, when people died, they were placed on a canoe with some of the things they owned in life. This canoe was then sent out into the sea so it could float away to heaven. And so he asked for a canoe to be built for him, so that when he died he could go to heaven. The ship's carpenter was immediately ordered to do what Queequeg asked for.

When it was finished, Queequeg had a close look at the canoe. He then put his harpoon and his strange little god, Yojo, in the canoe as well as some biscuits and a bottle of fresh water. These were for his journey to heaven. Having done this, he lay down in the coffin to see if it was comfortable. After some minutes he

IV. TRUMNA DLA QUEEQUEGA

Trudna podróż zaczęła odbijać się na zdrowiu mojego przyjaciela Queequega. Stawał się coraz chudszy i chudszy, aż w końcu dostał gorączki. Dni upływały i wydawało się, że Queequeg umrze. Nie chciałem nawet o tym myśleć, jednak on zdawał się wierzyć w to, że odejdzie z tego świata. Pewnego dnia Queequeg wyjawił dziwną prośbę. Na jego rodzinnej wyspie, gdy ludzie umierali, układano ich w czółnie wraz z ich ziemskim dobytkiem. Następnie taka łódka była wypuszczana na morze, aby mogła być niesiona do nieba. Queequeg poprosił więc, aby zbudowano dla niego łódkę, aby po śmierci mógł iść do nieba. Natychmiast kazano okrętowemu cieśli spełnić jego życzenie.

Gdy łódka została ukończona, Queequeg przyjrzał się jej bliżej. Następnie włożył do niej swój harpun oraz swojego dziwnego bożka, Yojo, a także trochę sucharów i butelkę z wodą. Zapasy te były przewidziane na jego podróż do nieba. Wykonawszy te czynności, Queequeg ułożył się w trumnie, aby zobaczyć, czy była wygodna. Po

whispered to himself "Rarmai" (it will do; it is easy). Then he asked us to put him back in his hammock.

The mad Pip had been watching this and went to talk to Queequeg.

"Queequeg, if you get to heaven, will you help me? Please look for Pip and if you find him please comfort him. He must be very sad, because he has forgotten to take his tambourine." He then ran away, shaking the tambourine as he went.

Queequeg listened without saying anything. He was thinking. He then told me that he had decided he didn't want to die. I asked him if a man could decide if he lived or died.

"If man want live, no sick can kill him," he replied.

In good time Queequeg became strong again. He stayed in his hammock, but ate and ate and ate. After a few days he jumped to his feet and said he was healthy again.

Soon after this, the boat reached the Pacific Ocean. Captain Ahab went to see the ship's smith, a man called Perth. He wanted Perth to make him a new harpoon. After it was made, Ahab and Fedallah went to look at it. Fedallah whispered some words in his own language. I don't know if this was a bless or a curse on the harpoon.

"Is this to kill Moby Dick?" asked the smith.

kilku minutach wyszeptał do siebie: „Rarmai"
(nada się, będzie wygodnie). Następnie poprosił
nas, abyśmy ponownie ułożyli go w hamaku.

Szalony Pip przypatrywał się temu i podszedł,
aby porozmawiać z Quee-quegiem.

– Queequeg, czy pomożesz mi, gdy już bę-
dziesz w niebie? Proszę poszukaj Pipa, a jak go
znajdziesz, proszę, pociesz go. Musi być bardzo
smutny, ponieważ zapomniał zabrać swój tam-
burynek. – A potem odbiegł gdzieś, potrząsając
tamburynem.

Queequeg słuchał, nic nie mówiąc. Myślał. Następnie powiedział mi, że postanowił, że nie chce
umierać. Spytałem go, czy człowiek może decydo-
wać o tym, czy umiera, czy żyje.

– Jak człowiek chcieć żyć, żadna choroba go nie
zabić – odpowiedział.

Po jakimś czasie Queequeg zaczął nabierać sił.
Pozostał w swoim hamaku, jednak jadł, jadł i jadł.
Po kilku dniach skoczył na równe nogi i oznajmił,
że jest już zdrowy.

Wkrótce potem statek dotarł na wody Oceanu
Spokojnego. Kapitan Ahab poszedł zobaczyć się
z kowalem, człowiekiem o imieniu Perth. Chciał,
aby Perth wykuł dla niego nowy harpun. Gdy praca była skończona, Ahab i Fedallah poszli mu się
przyjrzeć. Fedallah szeptał coś w swoim języku.
Nie wiem, czy było to błogosławieństwo, czy klą-
twa rzucona na harpun.

"Yes it is! Now bring me the three harpooners," said the captain.

Tashtego, Queequeg and Daggoo, arrived in the smith's room.

"I need some blood, my pagan harpooners. I need it to baptise this harpoon. What do you say?" said Ahab to his men.

The three pagans all agreed to give some of their blood, and the harpoon was then dipped into this blood. As he did this, Ahab passionately shouted a few words in Latin and the baptism of the harpoon was then completed. But Ahab had baptised the harpoon in the name of the devil, not in the name of God.

A few weeks passed and the Pequod sailed further into the Pacific Ocean. The first ship that it met in this enormous sea was the Bachelor. It was also from Nantucket. The Bachelor had had a very successful time in it's search for whales. The whole ship was full of whale oil, there was even oil kept in the captain's rooms. So there was no more whaling to be done for this lucky ship, it was going home.

The two ships stopped next to each other and the captain of the Bachelor invited Ahab to come onto his boat and have a glass of wine.

"Have you seen the White Whale?" cried Ahab.

"No, I've only heard of him," came the reply.

– Czy to do zabicia Moby Dicka? – zapytał kowal.

– Tak! A teraz przyprowadźcie mi trzech harpunników! – rozkazał kapitan.

Tashtego, Queequeg oraz Daggoo zjawili się w kuźni.

– Potrzebuję trochę krwi, moi pogańscy harpunnicy. Potrzebuję jej, aby ochrzcić ten harpun. Co o tym myślicie? – zapytał Ahab swoich ludzi.

Trzej poganie zgodzili się oddać kilka kropel swojej krwi, w której następnie umoczono harpun. Wykonując tę czynność Ahab z pasją wykrzyknął kilka słów po łacinie i na tym zakończył się chrzest narzędzia. Jednak Ahab ochrzcił harpun w imię diabła, nie w imię Boga.

Minęło kilka tygodni i Pequod płynął dalej po wodach Oceanu Spokojnego. Pierwszym statkiem, jaki spotkaliśmy na tym bezkresnym oceanie był Bachelor. Ten statek również pochodził z Nantucket. Bachelor miał dużo szczęścia w polowaniu na wieloryby. Cały był wypełniony wielorybim olejem – olej trzymano nawet w kabinie kapitana. Dla tego statku polowanie było już zakończone – wracał do domu.

Dwa statki zatrzymały się obok siebie i kapitan ze statku o nazwie Bachelor zaprosił Ahaba na swój pokład na kieliszek wina.

– Czy widzieliście białego wieloryba? – krzyknął Ahab.

– Nie, tylko o nim słyszałem – padła odpowiedź.

"You are too happy, man. Haven't you lost any men?"

"Only two. But my ship is full of oil and now I can go home."

"Well, my ship is empty, and so I must go whaling."

And so the two ships left each other. One happily sailing in the breeze, the other one less lucky, and sailing into a storm.

The seas of Japan are normally warm and pleasant to sail in. However, they are also known to have the worst storms, called typhoons. The unfortunate Pequod found itself in the middle of such a storm a few days after leaving the Bachelor. The sea is a strange thing and in less than an hour the ship went from calm waters to thunder and lightning.

Stubb and Starbuck stood together on the deck of the ship. Stubb was singing.

"Be quiet Stubb, you coward" shouted Starbuck, "let the Typhoon sing!"

"I am not a brave man, I never said I was. I am a coward and I sing to stop worrying. The only way to stop me singing is to cut my throat."

"Madman!"

"Do you think God only has mercy for people with serious faces? I think God likes laughing men as much as serious men!"

Suddenly, all three main sails were hit by

– Masz dużo szczęścia, człowieku. Nie straciłeś żadnego człowieka?

– Tylko dwóch. Jednak mój statek jest pełen oleju i teraz mogę płynąć do domu.

– No cóż, mój statek jest pusty, więc muszę dalej polować.

I tak każdy statek popłynął w swoim kierunku. Jeden z nich płynął szczęśliwie, muskany lekkim wietrzykiem, a drugi podążał w kierunku burzy.

Morza Japonii są z reguły ciepłe i przyjemne do żeglowania. Jednak znane są również z tego, że można tam doświadczyć najgorszych sztormów zwanych tajfunami. Nieszczęsny Pequod znalazł się w samym środku takiego sztormu kilka dni po spotkaniu Bachelora. Morze jest nieprzewidywalne i w ciągu godziny z cichych wód nasz statek wpłynął w błyskawice i grzmoty.

Stubb i Starbuck stali razem na pokładzie statku. Stubb śpiewał.

– Bądź cicho Stubb, ty tchórzu! – krzyknął Starbuck. – Niech tajfun wyje!

– Nie jestem odważny, nigdy tak nie mówiłem. Jestem tchórzem i śpiewam, by przestać się bać. Mój śpiew można przerwać jedynie podrzynając mi gardło.

– Szaleniec!

– Czy myślisz, że Bóg jest łaskawy tylko dla osób poważnych? Myślę, że Bóg lubi śmiejących się ludzi tak samo, jak ludzi poważnych.

Nagle błyskawica uderzyła we wszystkie trzy

lightning. For a second the whole boat was lit up, the noise was incredible.

When lightning hits a ship, unusual things happen and fires can start almost anywhere on the ship. But this time the fire started only in one place. Slowly the whole crew of the ship began to look at Ahab. He was standing, holding his harpoon and from the metal tip of the weapon a small blue flame could be seen. It looked like a snake's tongue. Ahab could see that his crew were frightened.

"You all promised me you would hunt the White Whale, you will follow me to the end. Now I will blow out your fear!" And so, with one breath, he put out the flame.

That night Ahab and Fedallah stood together on the deck of the ship. Fedallah, who had supernatural powers, said to Ahab "I have seen things".

"What have you seen?"

"I have seen the future."

"What of it?"

"Firstly, I will die before you, even if we are the last two men left on this ship. But you will see me again, after I have died. And secondly, only rope can kill you."

"Only rope, you mean the gallows, well then I am immortal," cried Ahab with a laugh. "Immortal on land and sea!"

Afterwards, both were silent again.

maszty. Przez chwilę cały statek rozbłysnął od świateł, hałas był nieprawdopodobny.

Gdy błyskawica uderza w statek, dzieją się niezwykłe rzeczy i pożar może wybuchnąć wszędzie. Jednak tym razem zaczęło się palić tylko w jednym miejscu. Jeden po drugim cała załoga skupiła wzrok na Ahabie. Ten stał, trzymając swój harpun, zaś na metalowym końcu broni można było dojrzeć mały niebieski płomień. Wyglądał jak język węża. Ahab dostrzegł, że jego załoga się boi.

– Wszyscy przysięgaliście, że będziecie polować na Białego Wieloryba i że będziecie mi towarzyszyć do samego końca. Teraz zgaszę wasz strach! – i jednym dmuchnięciem zgasił płomień.

Tej nocy Ahab i Fedallah stali razem na pokładzie statku. Fedallah, który posiadał nadprzyrodzone moce, powiedział do Ahaba:

– Widziałem coś.

– Co widziałeś?

– Widziałem przyszłość.

– Co tam widziałeś?

– Po pierwsze, umrę przed tobą, nawet jeżeli będziemy ostatnimi żywymi istotami na tym statku. Ale ty zobaczysz mnie ponownie, po tym, jak umrę. I po drugie, tylko sznur może cię zabić.

– Tylko sznur, to znaczy masz na myśli szubienicę. W takim razie jestem nieśmiertelny – zawołał Ahab ze śmiechem. – Nieśmiertelny na lądzie i na morzu!

Po czym obaj zamilkli.

Later that night the storm passed over the ship and went to other parts of the ocean. In the quiet hours, before the sun came up into the sky, the shouts of men could be heard in the sea. One of the crew decided these must be the cries of dead sailors, and he predicted an evil future for the ship. Ahab was asleep when this was happening and he heard nothing about it until he woke up in the morning. He told the crew the noises must be from seals, whose cries sometime sounded like the cries of men.

Later at sun rise, a man fell over the side of the ship. The life-buoy, a long piece of wood, was thrown into the water to help the man float, but he was never seen again and was lost to the sea. The life-buoy was also lost and had to be replaced, but there was no more wood to make it. Queequeg suggested his coffin be used for this job.

"A coffin for a life-buoy!" cried Starbuck.

"Rather strange," said Stubb.

"It will do for now, bring the carpenter on deck," said Flask.

And so the carpenter was told to make the coffin into a life-buoy. After he had done this, the coffin was tied with a rope to the ship and then put over the side. It swung from the back of the ship, almost like a tail.

Jeszcze tej samej nocy nad statkiem przetoczyła się burza, która przeszła później na inne obszary oceanu. Podczas cichych godzin poprzedzających wschód słońca dało się słyszeć okrzyki mężczyzn. Jeden człowiek z załogi stwierdził, że muszą to być okrzyki zmarłych marynarzy i przepowiedział statkowi zły los. Ahab spał, gdy te wydarzenia miały miejsce, i nic o nich nie słyszał aż do samego rana. Powiedział wtedy załodze, że te krzyki to pewnie foki, które czasem potrafią wydawać dźwięki podobne do ludzkich głosów.

Podczas wschodu słońca jeden z mężczyzn wypadł za burtę. Do wody wrzucono długi kawałek drewna jako boję ratunkową, aby pomóc mężczyźnie utrzymać się na powierzchni, jednak już nigdy go nie zobaczyliśmy – został pochłonięty przez morze. Boja ratunkowa także zaginęła i trzeba ją było zastąpić, jednak nie było już drewna na jej wykonanie. Queequeg zasugerował, aby wykorzystać w tym celu jego trumnę.

– Trumna jako deska ratunkowa! – krzyknął Starbuck.

– Trochę to dziwne – powiedział Stubb.

– Na razie musi wystarczyć, sprowadźcie na pokład cieślę – powiedział Flask.

Kazano więc cieśli przerobić trumnę na boję ratunkową. Gdy praca była skończona, trumnę przywiązano do statku liną, a następnie spuszczono na wodę. Płynęła za statkiem niczym jego ogon.

V. MOBY DICK
IS FINALLY SEEN

The next day, a large ship the Rachel, was seen coming in the direction of the Pequod.

"Have you seen the White Whale?" asked Ahab.

"We saw her yesterday. Have you seen a whale boat on the seas?" came the reply.

The question was surprising, and Ahab answered 'no'. But he was very happy to finally hear some

V. MOBY DICK ZOSTAJE WYPATRZONY

Następnego dnia zauważono duży statek o nazwie Rachel zmierzający w kierunku Pequoda.

– Czy widzieliście Białego Wieloryba? – zapytał Ahab.

– Widzieliśmy go wczoraj. A czy widzieliście łódź wielorybniczą na morzu? – odpowiedziano.

Pytanie było dziwne i Ahab odparł, że nie. Jednak bardzo ucieszył się z wiadomości o Moby

news of Moby Dick, and wanted to speak to the captain of the other ship as soon as possible. However, the other captain was even faster. He quickly lowered a boat and was soon on the deck of the Pequod. As he stepped onto the boat, he was recognised by many of the crew as a sailor from Nantucket. Ahab did not even say hello before he started to ask about the whale.

"Where was he? Not killed! Please don't say he has been killed!"

The other captain told his own story of how his ship had met the great whale. Late the previous day, they had seen a group of whales and sent three of their boats out to hunt them. After they had gone four or five miles, the white back of Moby Dick was seen, and a fourth boat was sent out to follow him. Unfortunately Moby Dick was travelling in a different direction to the others and within an hour the Rachel could not see the fourth boat anymore. After the hunt was over, the three boats returned to the Rachel and the search started for the other boat. A great fire was lit on the deck of the ship, but nothing was seen of the last boat.

After he had told this story, he then asked Ahab if their two ships could join together to search for the missing boat. Ahab listened without saying anything.

"My boy, my own son is on that missing boat. For God's sake, I beg you to help me!" cried the

Dicku i natychmiast chciał zobaczyć się z kapitanem mijanego statku. Jednak drugi kapitan
był jeszcze szybszy. Prędko spuścił łódź na wodę
i wkrótce znalazł się na pokładzie Pequoda. Gdy
wsiadał do łodzi, wiele osób z naszej załogi roz-
poznało w nim marynarza z Nantucket. Ahab nawet nie przywitał się, tylko od razu zaczął pytać
o wieloryba.

– Gdzie on był? Nie jest martwy? Proszę, nie
mówcie, że został zabity!

Drugi kapitan opowiedział swoją historię o tym,
jak jego statek natknął się na wieloryba. Późnym
popołudniem poprzedniego dnia jego załoga wy-
patrzyła stado wielorybów i wysłano trzy łodzie
na polowanie. Gdy łodzie odpłynęły na odległość
czterech lub pięciu mil, zauważono biały garb
Moby Dicka i wysłano czwartą łódź w pogoń za
nim. Niestety Moby Dick płynął w innym kierunku niż reszta wielorybów i w przeciągu godziny
Rachel straciła czwartą łódź z pola widzenia. Po
zakończeniu polowania trzy łodzie powróciły do
Rachel i rozpoczęto poszukiwania czwartej. Na
pokładzie statku rozpalono wielkie ognisko, jednak nie udało się znaleźć czwartej łodzi.

Następnie, skończywszy swą historię, kapitan spytał
Ahaba, czy dwa statki mogłyby połączyć siły w poszukiwaniu zaginionych. Ahab słuchał go bez słowa.

– Mój chłopak, mój jedyny syn jest na tej łodzi.
Na miłość boską, błagam was o pomoc! – krzyknął

captain. "I will pay you for your time, I will pay you very well if you can help me."

"His son!" cried Stubb, "Well, what do you say Ahab? If it's his own boy then we must help him."

Ahab, who had so far said nothing, finally gave the Captain his reply.

"I will not do it. Good bye and good luck."

Soon the two ships were sailing in their different directions. After an hour, the Rachel could still be seen from the Pequod, searching the sea for her lost children.

The Pequod continued to sail across the sea, the life-buoy-coffin still swinging from the back of the ship. The next boat the Pequod met was the Delight, a most unfortunate and incorrect name for the ship. Although it still floated on sea, it was a wreck and most of it had been badly damaged.

"Have you seen the White Whale?" shouted Ahab.

"Look at my ship!" the tired looking captain shouted back.

"Did you kill him?"

"Kill him? The harpoon has not been made that could ever kill Moby Dick!"

"That very harpoon is on this boat!"

"Then I wish you good luck. Today I will bury my men who were killed by that whale."

Having said this, he turned and looked at his

kapitan. – Zapłacę wam za wasz czas, zapłacę wam bardzo dobrze, jeżeli zgodzicie się nam pomóc.

– Jego syn! – krzyknął Stubb. – I co powiesz, Ahab? Jeżeli to jego własny syn, to musimy mu pomóc.

Ahab, który do tej pory nie powiedział nic, wreszcie dał kapitanowi swoją odpowiedź:

– Nie zrobię tego. Do zobaczenia i życzę szczęścia.

Wkrótce potem dwa statki podążały w przeciwnych kierunkach. Po godzinie Rachel dalej była widoczna z Pequoda, jak przeczesuje morze w poszukiwaniu zaginionych dzieci.

Pequod płynął dalej, zaś trumna-boja ratunkowa wciąż kołysała się na falach uczepiona rufy. Następnym statkiem, na który natknął się Pequod, był Delight. Jednak nie była to zbyt fortunna nazwa. Pomimo że wciąż utrzymywał się na powierzchni, był to wrak i duża jego część została poważnie uszkodzona.

– Czy widzieliście Białego Wieloryba? – krzyknął Ahab.

– Popatrz na mój statek! – odkrzyknął kapitan, wyglądający na zmęczonego.

– Zabiliście go?

– Czy zabiliśmy? Jeszcze nie wykuto harpuna, który mógłby zabić Moby Dicka!

– Ten harpun znajduje się na tym statku!

– W takim razie życzę szczęścia. Dzisiaj pochowam moich ludzi, których zabił ten wieloryb.

Powiedziawszy to odwrócił się i spojrzał na swoją

crew. The bodies of the dead sailors were on the deck of the boat and so the funeral was about to begin. The Pequod sailed away from the sad ship. As it sailed away, the back of the boat could be seen by the men on the Delight.

"Look men!" shouted the captain of the Delight. "The strangers leave our funeral and then show us their coffin!"

Two more days passed and having heard nothing from the men on top of the masts, Ahab decided to have himself raised to the top of the ship. Before the captain reached half way up, he cried like a sea bird.

"There she blows! There she blows! A back like a snowhill! It is Moby Dick!"

Immediately the order was given to put the three whaling boats into the water. Starbuck was left behind to captain the Pequod. When they got close to the whale, it dived deep into the sea and could not be seen for some time.

"The birds! The birds!" cried Tashtego.

A group of white sea birds had been following the boats and now they were flying a few metres from Ahab's boat.

"The birds can see much better than any man," thought Ahab as he looked into the dark ocean. As he looked he noticed a white spot getting bigger in the sea under the boat, it was Moby Dick. He quickly turned the boat and was able to

załogę. Ciała martwych marynarzy leżały na pokładzie i zaraz miał się rozpocząć pogrzeb. Pequod oddalił się od smutnego statku. Gdy odpływał, ludzie z Delight zobaczyli tył przymocowanej do statku boji.

– Patrzcie! – krzyknął kapitan statku Delight. – Nieznajomi opuszczają naszą ceremonię pogrzebową, a później pokazują nam swoją trumnę!

Upłynęły kolejne dwa dni i Ahab, nie mając żadnych wieści od ludzi na szczytach masztów, zdecydował, że sam będzie wypatrywał wieloryba. W połowie drogi na górę kapitan wydał okrzyk przypominający wrzask mewy:

– Tam dmucha! Tam dmucha! Garb jak góra pokryta śniegiem! To Moby Dick!

Natychmiast wydano rozkaz opuszczenia na wodę trzech łodzi wielorybniczych. Starbuck pozostał na statku, aby dowodzić Pequodem. Gdy łodzie zbliżyły się do wieloryba, ten zanurkował głęboko w morze i przez pewien czas nie było go widać.

– Ptaki! Ptaki! – krzyknął Tashtego.

Stadko białych ptaków podążało za łodziami i teraz krążyło w odległości kilku metrów od łodzi Ahaba.

– Ptaki widzą o wiele lepiej niż człowiek – pomyślał Ahab wpatrując się w ciemny ocean. Wreszcie zauważył w morzu pod łódką białą plamę, która stawała się coraz większa – był to Moby Dick. Szybko zawrócił łódkę i udało mu się uniknąć

avoid the attack of the whale as it flew out of
the water. He was close enough to see the huge
open mouth; the whales teeth were long and
white. Ahab was not so lucky when the animal
attacked a second time. Moby Dick, with his
evil intelligence, saw how the boat was moving
and as his huge body came out of the water he
was close enough to bite one side of the boat. It
was impossible for the tiny boat to survive such
an attack and it quickly split in half, sending the
captain and his crew into the sea.

ataku wieloryba, gdy ten wyskoczył z wody. Był na tyle blisko, że można było zobaczyć jego ogromną otwartą paszczę; zęby wieloryba były długie i białe. Ahab nie miał już tyle szczęścia, gdy wieloryb zaatakował po raz drugi. Moby Dick, wiedziony swą dziką inteligencją, zorientował się, jak poruszała się łódka, i gdy wynurzył z wody swe ogromne cielsko, był dostatecznie blisko, aby odgryźć kawałek łodzi. Mała łódź nie mogła przetrwać takiego ataku i rozpadła się na dwie części, zaś kapitan i jego załoga wylądowali w morzu.

Moby Dick swam quickly round and round the wrecked boat and it's crew. The sight of the smashed boat seemed to send him mad and he swam around it in closer and closer circles. The centre of this circle was clearly Ahab himself. To save himself he shouted to the crew of the Pequod, "Sail on the whale! Drive him away!"

The Pequod did what it was asked and sailed between the whale and his victims. The great fish swam off and the other boats came to the rescue.

Ahab was pulled into Stubb's boat. With eyes almost blinded from the sea water, he lay in the bottom of the boat, breathing heavily. After some minutes he felt well enough to speak.

"The harpoon, is it safe?"

"Aye, Sir, it wasn't used this time," replied Stubb.

"Give it to me then, are any of the men from my boat missing?"

"Sir, all of them are safe."

After this first meeting with the whale, the smaller ships returned to the Pequod where they could continue the chase. At regular intervals, the whale could be seen rising to the surface of the sea to breathe. Each time some water was sent up from it. The day passed and the whale was still too far away for the smaller boats to be sent out. Night time came.

"Can't see him blowing water now, sir – too dark"–– cried a voice from the air.

Moby Dick szybko pływał dookoła rozbitej łodzi i jej załogi. Widok roztrzaskanej łodzi wydawał się go rozsierdzać i opływał ją zataczając coraz mniejsze koło. W centrum tego koła znajdował się sam Ahab. Aby się ratować, krzyknął do załogi Pequoda:

– Płyńcie na wieloryba! Odgońcie go!

Załoga statku spełniła jego polecenie i Pequod wpłynął pomiędzy wieloryba a jego ofiary. Ogromna ryba oddaliła się, zaś pozostałe łodzie przybyły na ratunek.

Ahab został wciągnięty do łodzi Stubba. Prawie oślepły od morskiej wody, leżał na dnie ciężko oddychając. Po kilku minutach poczuł się na tyle dobrze, aby przemówić:

– Harpun, czy jest bezpieczny?

– Tak, kapitanie, tym razem nie był w użyciu – odparł Stubb.

– Daj mi go więc. Czy ktoś z mojej łodzi zaginął?

– Kapitanie, wszyscy marynarze są bezpieczni.

Po tym pierwszym spotkaniu z wielorybem mniejsze łodzie powróciły do Pequoda, aby kontynuować pościg. Wieloryb w regularnych odstępach czasu wynurzał się na powierzchnię, by zaczerpnąć powietrza. Za każdym razem wydmuchiwał fontannę wody. Dzień minął, jednak Moby Dick był w dalszym ciągu zbyt daleko, aby wysłać za nim w pościg mniejsze łodzie. Nadeszła noc.

– Kapitanie, teraz nie widać, jak wydmuchuje wodę, za ciemno – dał się słyszeć z góry głos.

"In what direction was he travelling?"

"Same as before, sir."

"Good! He will travel slower now, it is night. We must not pass him before morning. Come down from the mast and get some rest. The deck is mine for the rest of this dark night."

Having said this, he put his wide hat low over his forehead and stood on the deck, not moving until the sun rose.

– W jakim kierunku podąża?

– W tym samym, co poprzednio, kapitanie.

– To dobrze. W nocy będzie płynął wolniej. Nie powinniśmy go prześcignąć przed świtem. Zejdź z masztu i odpocznij. Przez resztę nocy pokład należy do mnie.

Mówiąc to nasunął kapelusz głęboko na oczy i stał na pokładzie nieruchomo aż do wschodu słońca.

VI. THE CHASE – SECOND DAY

As the sun rose, there were men on the tops of each mast again.

"Do you see him?" cried Ahab to the men on the masts.

"See nothing, sir," was the reply.

"All men on deck! He travels faster than I thought."

With the crew working hard the ship was soon moving fast, and within an hour the whale was seen in the unending ocean.

VI. POŚCIG – DZIEŃ DRUGI

Gdy wzeszło słońce, na szczytach masztów znowu pojawili się marynarze.

– Widzicie go? – krzyczał Ahab do ludzi na górze.

– Nie, kapitanie – odpowiedziano.

– Wszyscy na pokład! Wieloryb płynie szybciej, niż myślałem.

Gdy cała załoga zaczęła ciężko pracować, statek wkrótce przyspieszył i w ciągu godziny na bezkresnym oceanie wypatrzono wieloryba.

"There she blows – she blows! – she blows! – right ahead!" was the cry from the man on top of the mast.

"Aye, aye!" cried Stubb, "I knew it – you can't escape, O whale! The mad devil himself is after you!"

And Stubb spoke for all the crew, the difficulties of the chase created a mad atmosphere in the boat. The hunt for the whale was like wine for the crew, it took away any fear they might have for the great fight that was ahead of them. They were one man, not thirty. All running the same race and all were directed to that fatal goal, Ahab, their one lord, was leading them to – the one thing that could destroy them!

The men on top of the masts had been told to shout whenever they saw the whale blow water, but for some minutes no more cries were heard.

"Why do you not sing out, if you see him?" shouted Ahab. "Men, you have been tricked by the early morning light, that cannot have been Moby Dick. His blows are regular as he rises and dives in the water. Moby Dick doesn't blow once and then disappears."

It was even so; in their enthusiasm, the men had mistaken some other thing for the whale. But Ahab could not be fooled so easily and as soon as he reached his own watch point, he spotted the whale. As he cried out, the whole of the crew

– Tam dmucha! Tam dmucha! Tam dmucha, na wprost! – krzyczał człowiek stojący na szczycie masztu.

– W porządku – krzyknął Stubb. – Wiedziałem to. Nie uciekniesz, wielorybie. Sam szalony diabeł cię goni!

Stubb mówił za całą załogę; trudy pościgu stworzyły szaleńczą atmosferę na statku. Polowanie na wieloryba było dla załogi jak wino – odjęło ludziom wszelki strach, jaki żywili przed czekającą ich walką. Byli jak jeden mąż, nie jak trzydziestu. Wszyscy brali udział w tym samym wyścigu i wszyscy byli nastawieni na ten sam zabójczy cel, do którego prowadził ich Ahab – do tego, który mógł ich wszystkich zniszczyć!

Ludziom na szczytach masztów przykazano krzyczeć, kiedy tylko zobaczą, że wieloryb wydmuchuje wodę, jednak przez kilka minut nie było słychać żadnych okrzyków.

– Dlaczego nie wołacie, jeżeli go widzicie? – krzyknął Ahab. – Ludzie, zwodzi was światło wczesnego poranka, to nie mógł być Moby Dick. Jego dmuchanie jest regularne, gdy się podnosi, i gdy nurkuje w oceanie. Moby Dick nie dmucha raz, a potem znika.

Tak też było; w szale polowania marynarze wzięli za Moby Dicka zupełnie coś innego. Jednak Ahaba nie było łatwo oszukać i jak tylko dotarł na miejsce obserwacyjne, wypatrzył wieloryba. Gdy krzyknął, cała załoga wydała okrzyk radości

cheered with him, such was their madness for the blood of the whale. Less than a mile ahead, Moby Dicks' body exploded into view above the water! This wasn't a calm and peaceful blowing; not like a garden fountain, no, the White Whale now showed his location in the most spectacular way. Using all the power of his enormous body and swimming up from the deepest depths, the Sperm Whale flew from the water and his entire weight was, for a single moment, completely in the air over the surface of the ocean. As he crashed back into the sea, he left behind a mountain of foam, which could be seen from miles around.

"This is the last morning you will see the sun so clearly," Ahab said to himself, and then to the rest of the crew, "Men! Lower the boats."

Then to Mr. Starbuck, "The ship is yours, don't get too close to the boats, but also don't go too far away from them."

But Moby Dick was not so easily terrified, and rather than be hunted he preferred to do the hunting. The great whale turned himself around and with all his strength he started to swim towards the three whaling boats. With incredible speed, he rushed between the boats with his huge mouth open and his tail swinging from side to side. With skill learned from many years sailing the seas of the world, the whalers were just able to avoid this deadly attack. Like bull fighters they twisted and

– tak wielkie było ich pragnienie krwi wieloryba. W odległości nie większej niż mila cielsko Moby Dicka wyłoniło się z wody. Nie było to spokojne dmuchnięcie – niczym nie przypominało fontanny ogrodowej – nie. Teraz Biały Wieloryb wskazał miejsce, w którym się znajdował, w najbardziej spektakularny sposób. Wykorzystując całą swą ogromną siłę i wypływając z największych głębin, kaszalot wyskoczył z wody i całym swym cielskiem – na krótki moment – zawisł w powietrzu ponad powierzchnią oceanu. Gdy zapadł się ponownie w wodę pozostawił za sobą górę piany, która widoczna była z odległości wielu mil.

– To ostatni poranek, gdy widzisz słońce tak wyraźnie – powiedział Ahab do siebie, potem zawołał do reszty załogi. – Ludzie! Spuszczajcie szalupy!

Następnie zwrócił się do Starbucka:

– Statek jest twój, trzymaj się z dala od szalup, ale bądź w pobliżu.

Jednak nie było tak łatwo przestraszyć Moby Dicka – zamiast stać się obiektem polowania, wolał sam zapolować. Ogromny wieloryb zawrócił i z całą siłą zaczął płynąć w kierunku trzech łodzi. Z wściekłą prędkością wpadł pomiędzy nie, z szeroko otwartą paszczą i ogonem młócącym na obie strony. Tylko dzięki umiejętnościom wypracowanym w ciągu wielu lat pływania po morzach na całym świecie wielorybnicy uniknęli tego zabójczego ataku. Jak torreadorzy wyginali

turned, and, when given the chance, they made their own attacks. In time the whale had been hit by harpoons from each of the boats.

Such was his animal intelligence that he swam between, around and under the three boats and soon the ropes that attached the whale to the boats were twisted together into one line. Ahab's boat began to be pulled under water, and the sea captain knew there was only one thing to be done. Taking out his knife he cut the rope that held his boat to the whale.

After this, the two remaining boats, captained by Flask and Stubb, were both pulled together by the whale which was now swimming deep into the sea. The ships were smashed together with great force and both were wrecked leaving the crews in the water and in great danger.

Flask floated in the water while quickly moving his legs to escape the mouths of any hungry sharks which might be passing. Stubb spent his time shouting for someone to take him out of the deadly water.

Suddenly, Ahab's boat was lifted from the water as if it were being carried by invisible wires towards heaven. The White Whale came straight up out of the water with the boat resting on its forehead. This attack turned the boat upside down and left the crew in the water.

Happy with the destruction he had caused, the whale gently swam in circles in the water and whenever he touched anything, for example a piece of

się i obracali i – gdy nadarzyła się okazja – sami przypuścili atak. Po jakimś czasie wieloryb został ugodzony harpunami z każdej łodzi.

Tak wielka była jego zwierzęca inteligencja, że pływając pomiędzy, wokół oraz pod trzema łodziami, Moby Dick poskręcał liny łączące jego cielsko z łodziami w jeden gruby sznur. Łódź Ahaba zaczęła zanurzać się pod wodę i kapitan wiedział, że można było zrobić tylko jedno. Sięgnął po nóż i przeciął linę, która łączyła jego łódź z wielorybem.

Po tym wydarzeniu dwie pozostałe łodzie, dowodzone przez Flaska i Stubba, zostały zepchnięte na siebie przez wieloryba, który teraz płynął głęboko pod wodą. Łodzie wbiły się w siebie z wielką siłą i zostały całkowicie zniszczone, zaś ich załogi znalazły się w wodzie i w wielkim niebezpieczeństwie.

Flask unosił się na wodzie szybko poruszając nogami, aby uniknąć paszczy głodnych rekinów, które mogły tędy przepływać. Stubb krzyczał, aby ktoś wyciągnął go wreszcie z tej zabójczej otchłani.

Nagle łódź Ahaba została wyrzucona z wody jak gdyby podciągnięto ją na niewidzialnych sznurkach w kierunku nieba. Biały Wieloryb wypłynął z wody pionowo w górę, unosząc łódź na swoim czole. Ten atak wywrócił łódź i cała jej załoga również znalazła się w wodzie.

Zadowolony z rozmiaru zniszczeń, jakich dokonał, wieloryb krążył i za każdym razem, gdy dotknął czegoś – na przykład kawałka dryfującego drewna

floating wood, he would raise his great tail out of the water and bring it down on the object he didn't like.

As before, the Pequod was needed to rescue the crews of the smaller boats. The men were lifted into the ship and any equipment that could be saved from the water was also picked up. When Ahab was brought onto the ship, his false leg had been broken.

"No other broken bones I hope, Sir," said Stubb.

"Look at me Stubb, even with a broken leg, the great Ahab is still unhurt. Now, how many men from the boats are still missing?"

Stubb looked around the ship's crew and suddenly cried, "Fedallah! He must have been caught in the harpoon ropes."

"Fedallah! Where is Fedallah? He can't be missing, find him! He must be found!"

– unosił nad wodę swój wielki ogon i opuszczał na przedmiot, który mu się nie spodobał.

Tak jak poprzednio Pequod musiał uratować załogi mniejszych łodzi. Marynarzy wciągnięto na statek; podniesiono z wody także cały sprzęt, który dało się uratować z łodzi. Gdy Ahab znalazł się na statku, okazało się, że jego sztuczna noga została złamana.

– Mam nadzieję, że nie złamał pan nic więcej, kapitanie – powiedział Stubb.

– Popatrz na mnie Stubb, nawet ze złamaną nogą wielki Ahab wyszedł bez szwanku. Ilu ludzi z łódek nadal brakuje?

Stubb rozglądnął się po załodze i nagle krzyknął:

– Fedallah! Musiał zaplątać się w liny od harpunów.

– Fedallah! Gdzie jest Fedallah? Nie mógł zaginąć, znajdźcie go! Musimy go znaleźć!

But as Stubb had thought, Fedallah was missing from the ship and could not be seen in the water.

"Caught on my own line. Gone? Gone? What can such a small word mean? The harpoon too! Was it not me who threw it into the fish, what a fool I have been!" cried Ahab, but his unhappy mood quickly turned to anger. "I'll kill that fish, even if I have to sail ten times around the world, I will kill him!"

"Good God!" cried Starbuck. "You will never catch him, can't you see? In Jesus's name, we should end this. It is an evil task. Are we all to be taken to the bottom of the sea? We should end this while we still can."

Ahab was a strong and stubborn man and he would not change his mind so easily.

"Men, for two days we have hunted him, tomorrow will be the third. He will rise once more in the morning, but only to breathe his last breath. Do you feel brave men, brave?"

"As fearless as fire," cried Stubb.

"Aye, Fedallah has gone, but we will continue," replied Ahab.

As night came, the whale was still in sight and everything continued as it had the previous night. A new leg was made for the captain and the extra boats were equipped for the next day's hunting. And of course, Ahab stood on the deck of the boat, looking eastward and waiting for the sun to rise.

Jednak zgodnie z przypuszczeniami Stubba, Fedallah zniknął i nie było go widać w wodzie.

– Zaplątany w moją linę! Nie ma go? Nie ma go? Cóż znaczą te słowa? I harpun też! Czy to nie ja wbiłem go w wieloryba? Co za głupiec ze mnie! – krzyknął Ahab, jednak jego ponury nastrój wkrótce przekształcił się w złość. – Zabiję tę rybę, nawet jeżeli miałbym dziesięć razy opłynąć ziemię, zabiję ją!

– Dobry Boże! – zawołał Starbuck. – Nigdy go nie złapiesz, czy tego nie widzisz? Powinniśmy z tym skończyć w imię Chrystusa. To diabelskie zadanie. Czy wszyscy mamy znaleźć się na dnie oceanu? Powinniśmy z tym skończyć, gdy jeszcze możemy.

Ahab był silnym i upartym mężczyzną, który łatwo nie zmieniał zdania.

– Ludzie, polowaliśmy na niego przez dwa dni, jutro nadejdzie trzeci dzień. On ponownie wynurzy się z wody o poranku, ale tylko po to, aby zaczerpnąć powietrza ostatni raz. Czy czujecie się odważni?

– Tak, nieustraszeni jak ogień – krzyknął Stubb.

– Tak, nie ma już wśród nas Fedallaha, ale my będziemy kontynuować łowy – odpowiedział Ahab.

Gdy zapadła noc, wieloryb dalej był widoczny i wszystko potoczyło się tak, jak poprzedniego wieczora. Dla kapitana zrobiono nową nogę i przygotowano nowe łodzie na kolejny dzień polowania. I, oczywiście, Ahab stał na pokładzie statku przez resztę nocy, czekając na wschód słońca.

VII. THE CHASE – THIRD DAY

The morning of the third day was fresh and the weather was warm and sunny. As before, three men were sent to the tops of the masts, and after a few minutes Ahab cried, "Do you see him?"

But the men could see nothing, and so this continued until midday. Ahab became more and more impatient, until eventually he shouted, "Raise me to the top of the mast!"

"Sir, what do you hope to see that the men up there cannot?" asked Stubb.

"See? Ahab doesn't see, he feels," came the reply from the captain.

And so using ropes the crew raised Ahab to the top of the mast where he was able to view the ocean for miles around. Another hour passed when suddenly Ahab shouted that he had seen the whale.

Again the crew worked quickly to lower the boats into the water. Just as Ahab was about to climb in, he turned to Starbuck.

"Starbuck!"

"Sir?"

"Some ships sail from their ports and are never

VII. POŚCIG – DZIEŃ TRZECI

Poranek trzeciego dnia był rześki – było ciepło i słonecznie. Tak jak poprzednio, trzej mężczyźni zostali wysłani na szczyty masztów i po kilku minutach Ahab krzyknął:

– Widzicie go?

Jednak mężczyźni nic nie widzieli, i tak sprawy się miały aż do południa. Ahab stawał się coraz bardziej niecierpliwy, aż w końcu krzyknął:

– Wciągnijcie mnie na szczyt masztu!

– Kapitanie, cóż ty masz nadzieję zobaczyć, czego nie widzą inni? – zapytał Stubb.

– Zobaczyć? Ahab nie widzi, on czuje – usłyszał odpowiedź kapitana.

Korzystając z lin załoga wciągnęła Ahaba na szczyt masztu, skąd miał widok na cały ocean w odległości wielu mil. Minęła kolejna godzina i nagle Ahab zakrzyknął, że zobaczył wieloryba.

Marynarze ponownie szybko spuścili szalupy na wodę. Gdy Ahab wsiadał do jednej z nich, odwrócił się do Starbucka.

– Starbuck!

– Tak, kapitanie?

– Niektóre statki wypływają z portów i już nigdy

seen again."

"It is a sad truth, sir."

"And some men die young, while others live to an old age. Starbuck, I am an old man, shake hands with me, man."

Their hands met, their eyes met, Starbuck's eyes showed tears.

"Captain, please. Don't go, finish with this madness."

The captain was unemotional and dropped the other man's hand.

"Lower the boat," he commanded.

Suddenly a voice was heard from the captain's room on the ship. It was Pip.

"The sharks! The sharks!" he cried. "My master, come back!"

Ahab's ears were deaf to the boys cries. But strangely he spoke the truth. As soon as Ahab's boat touched the surface of the water, a group of sharks began to follow the boat. They bit at the oars of the boat each time they dipped into the water. This was very strange as the sailors had not seen any sharks around any of the boats before. They seemed like vultures waiting for food. What's more, the two other boats which were following the great whale were not troubled by the group of sharks.

After a long struggle, the boats reached a point close to where the whale was expected to rise from the water. Again, the whale was not happy

nie wracają.

– To smutna prawda, kapitanie.

– A niektórzy marynarze umierają młodo, podczas gdy inni dożywają starości. Starbuck, jestem starym człowiekiem, uściśnij mi rękę.

Ich ręce się spotkały, oczy też, i w oczach Starbucka pojawiły się łzy.

– Kapitanie, proszę. Niech pan nie odpływa, proszę skończyć z tym szaleństwem.

Kapitan nie okazał żadnych emocji i puścił rękę mężczyzny.

– Spuszczajcie łódź – zakomenderował.

Nagle z kabiny kapitana na statku dał się słyszeć głos. Był to Pip.

– Rekiny! Rekiny! – krzyczał. – Wróć, kapitanie!

Ahab pozostał głuchy na krzyki chłopca. Ale o dziwo Pip mówił prawdę. Gdy tylko łódź Ahaba dotknęła powierzchni wody, zaczęło za nią podążać stado rekinów. Gryzły wiosła łodzi za każdym razem, gdy zanurzano je w wodzie. Było to bardzo dziwne, jako że marynarze nie widzieli wcześniej żadnych rekinów wokół łodzi. Wydawały się być sępami wyczekującymi pożywienia. Co więcej, pozostałe dwie łodzie płynące za wielorybem nie były przez nie nękane.

Po długich zmaganiach szalupy w końcu dotarły w pobliże miejsca, gdzie Moby Dick miał się wynurzyć z wody. Tak jak poprzednio, wielorybowi nie spodobało się, że jest obiektem łowów, i gdy

to be hunted, and when he reached the surface he began to attack the ships with his broad tail. His first attack damaged both Stubb's and Flask's boats, Daggoo and Queequeg were not able to throw their harpoons at the great fish, but Ahab was not troubled by the whale's attacks.

As the whale's huge body passed Ahab's boat, a cry of horror was heard. Tied to the whale by the previous day's harpoon lines was the body of Fedallah. Although he was dead, his eyes were still open. They stared at Ahab as the whale passed by.

Ahab dropped the harpoon he was holding.

"What you said was true Fedallah, I see you again even after death."

wypłynął na powierzchnię, zaczął uderzać w łodzie swoim ogromnym ogonem. Jego pierwszy atak uszkodził łodzie Stubba i Flaska, zaś Daggoo i Queequeg nie byli w stanie trafić harpunami w rybę; Ahab nie przejmował się jednak atakami wieloryba.

Gdy ogromne cielsko kaszalota przesunęło się obok łodzi Ahaba, dał się słyszeć okrzyk przerażenia. Ciało Fedallaha było przywiązane do cielska ryby linami z poprzedniego dnia polowania. Mimo iż był martwy, jego oczy wciąż były otwarte. Wpatrywały się w Ahaba, gdy wieloryb płynął obok.

Ahab upuścił harpun, który trzymał w ręce.

– Prawdę rzekłeś, Fedallah, widzę cię ponownie nawet po śmierci.

The whale had changed direction and the attack was brought closer to the Pequod. Starbuck could see the devastation and cried to his captain for the last time.

"Ahab! It is not too late, even today on the third day. Moby Dick is swimming away from us. It is not the whale that attacks you, but you who attacks the whale. Let the monster go, it is madness to continue."

But Ahab would not listen. He continued to follow the whale while the two damaged boats returned to the Pequod to be repaired.

It is difficult to know if the White Whale became tired, or whether he had some evil idea. Whichever of these is true, Ahab was able to sail faster than the fish, and soon the captain was standing at the front of the small boat with his harpoon in his hand. The sharks continued to follow his boat, and caused problems to the crew with their continued attacks.

"Do the sharks follow to eat the whale, or to eat me?" Ahab said to himself.

After a short time the whale could be seen again, and Ahab threw his harpoon into the hated fish. The crew held on tightly to the rope, which attached them to their enemy. Again the White Whale changed direction and swam towards the Pequod. Perhaps it wished to destroy something larger than the tiny whaling boat. Moby Dick's huge mouth opened, he was ready to destroy the ship.

Wieloryb zmienił kierunek i atak nastąpił nieco bliżej Pequoda. Starbuck widział zniszczenia i krzyknął do kapitana po raz ostatni:

– Ahab! Jeszcze nie jest za późno, nawet dziś, trzeciego dnia. Moby Dick oddala się od nas. To nie wieloryb atakuje ciebie, ale ty atakujesz wieloryba. Pozwól, aby ten potwór odpłynął, to szaleństwo kontynuować polowanie.

Ale Ahab nie słuchał. W dalszym ciągu podążał za wielorybem, podczas gdy dwie uszkodzone łodzie powróciły na statek, aby je naprawiono.

Trudno stwierdzić, czy Biały Wieloryb poczuł się zmęczony, czy też miał jakiś diabelski plan. Bez względu na to, która odpowiedź była prawdziwa, Ahab płynął szybciej niż ryba i wkrótce potem kapitan stał na rufie swojej łodzi z harpunem w ręku. Rekiny w dalszym ciągu podążały za jego łodzią i sprawiały załodze wiele problemów swoimi ciągłymi atakami.

– Czy rekiny podążają za nami, aby zjeść wieloryba, czy aby zjeść mnie? – zapytał Ahab sam siebie.

Po krótkiej chwili znowu wypatrzono wieloryba, a Ahab wycelował harpunem w znienawidzoną rybę. Załoga trzymała mocno linę, która połączyła ich z wrogiem. Ponownie Biały Wieloryb zmienił kierunek i płynął w stronę Pequoda. Być może miał ochotę unicestwić coś większego niż tylko niewielką łódź wielorybniczą. Moby Dick otworzył ogromną paszczę, gotów zniszczyć statek.

"The whale! The ship!" cried the crew of Ahab's boat.

"Work harder! You must get me closer if I am to harpoon the whale a second time," shouted Ahab.

But Ahab's heart was filled with darkness. He began to wonder if he and his crew could survive the attack. As he was thinking, the whale's head rose from the water and smashed into the side of the Pequod. This knocked a hole in the side of the boat, and the captain watched powerless as the water rushed in.

As the whaling boat approached the Pequod, Ahab made one last effort to save his ship and kill the whale. He raised his arm and threw the harpoon into the fish. The injured whale swam deep into the ocean taking the harpoon line with him. Ahab stepped back from the rope in the boat but was too slow. The next moment he flew off the side of the boat and disappeared into the deep water. The crew knew they would never see him again, for an instant they stood still, then, looking around they cried as one man, "The ship? Great God, where is the ship?"

Only the upper parts of the mast showed, the rest had sunk into the deep water. As the ship sank, it began to form a whirlpool in the water which took down all those who had sailed on it. The tiny boat was soon pulled into this devastation and disappeared under the ocean.

– Wieloryb! Statek! – zawołali marynarze w łodzi Ahaba.

– Wytężcie siły! Muszę być bliżej, jeżeli mam wbić harpun drugi raz! – krzyknął Ahab.

Jednak serce Ahaba wypełniała ciemność. Zaczął zastanawiać się, czy on i jego załoga przeżyją atak. Gdy te myśli przechodziły mu przez głowę, z wody wyłonił się łeb wieloryba i roztrzaskał bok statku. W statku pojawiła się dziura, a kapitan patrzył bezradnie, jak do środka wlewa się woda.

Gdy łódź wielorybnicza zbliżyła się do statku, Ahab uczynił ostatni wysiłek, aby uratować statek i zabić wieloryba. Podniósł ramię do góry i rzucił harpunem w rybę. Zraniony wieloryb zanurzył się głęboko w wodę, ciągnąc za sobą linę. Ahab odstąpił krok w tył, jednak wykonał ten ruch zbyt wolno. W następnej chwili został pociągnięty przez linę i zniknął pod powierzchnią wody. Członkowie załogi wiedzieli, że już go nie zobaczą – przez moment stali nieruchomo, a następnie, rozglądając się dookoła, krzyknęli jednym głosem:

– Statek? Na Boga, gdzie jest statek?

Widać było tylko górne części masztów; reszta statku znalazła się pod wodą. Idąc na dno, statek wytworzył lej wodny, który wciągał wszystko w pobliżu. Mała łódka wkrótce także została wciągnięta i zniknęła w głębinach oceanu.

And so this is how Ahab and his ship ended, but how did I, Ishmael, survive to tell you this story? Well, after Fedallah died, I was chosen to take his place in Ahab's boat. I felt the pull of the whirlpool on me and knew I was powerless to stop myself being pulled under the water. Just as I thought I was breathing my last breath of air, Queequeg's coffin, filled with air, flew up from the whirlpool. It hadn't sunk with the rest of the boat, so I was able to hold tightly to this and avoid a watery death. After a day on the water I began to lose hope of surviving, but on the second day my luck changed and I saw a ship on the horizon. It was the Rachel, still looking for her missing child, but instead it found the orphan of the Pequod.

I w taki właśnie sposób Ahab i jego załoga zakończyli swój żywot – w jaki sposób przeżyłem ja,
Ishmael, aby opowiedzieć Wam tę historię? Otóż
po śmierci Fedallaha zostałem wybrany jako jego
zastępca do łodzi Ahaba. Poczułem, jak pociąga
mnie wir, i wiedziałem, że nie mam na tyle siły, aby
przeciwstawić się wciągnięciu pod wodę. Gdy my
ślałem, że ostatni raz oddycham powietrzem, trumna Queequega, wypełniona powietrzem, wyłoniła
się z wiru. Nie zatonęła z resztą statku, więc byłem
w stanie mocno się jej uchwycić i uniknąć śmierci
w odmętach. Po dniu spędzonym na wodzie zaczynałem tracić nadzieję, że uda mi się przeżyć, jednak
drugiego dnia szczęście się do mnie uśmiechnęło
i na horyzoncie zobaczyłem statek. Tym statkiem
była Rachel, w dalszym ciągu szukająca swojego zaginionego dziecka – jednak zamiast niego znalazła
sierotę z Pequoda.

CONTENTS

SPIS TREŚCI

Wszystkie tytuły z serii *Czytamy w oryginale:*

Moby Dick – Moby Dick

The Last of the Mohicans – Ostatni Mohikanin

Dracula – Drakula

Lord Jim – Lord Jim

Three Men in Boat – Trzech panów w łódce

Robinson Crusoe – Robinson Crusoe

The Secret Garden – Tajemniczy ogród

The Adventures of Tom Sawyer – Przygody Tomka
Sawyera

The Adventures of Sherlock Holmes – Przygody
Sherlocka Holmesa

Alice's Adventures in Wonderland – Alicja w krainie
czarów

Treasure Island – Wyspa Skarbów

Gulliver's Travels – Podróże Guliwera

The Wonderful Wizard of Oz – Czarnoksiężnik z
Krainy Oz

White Fang – Biały Kieł

Sense and Sensibility – Rozważna i romantyczna

Pollyanna – Pollyanna

Peter Pan – Piotruś Pan

A Christmas Carol – Opowieść wigilijna

Więcej informacji na www.44.pl